Peter

and

the ROCKS

ISBN 0-7826-0721-7

Peter
and
the ROCKS

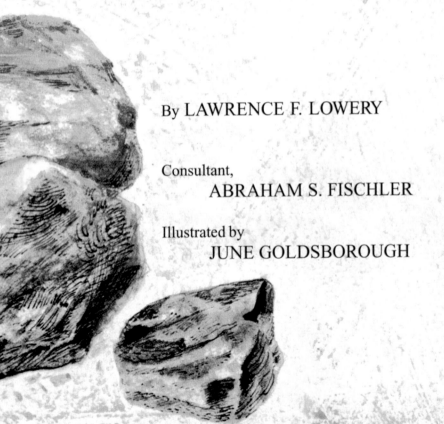

By LAWRENCE F. LOWERY

Consultant,
ABRAHAM S. FISCHLER

Illustrated by
JUNE GOLDSBOROUGH

Peter was a boy who, like most children collected things. He had been collecting all kinds of things for a long time. But he was beginning to get tired of the same old things.

When school ended there was nothing
much to do. He just kicked around trying to
think of something to do.

One day Peter picked up a rock and wiped
the dirt from it. At first the rock looked like
any other rock. But the more he wiped, the
stranger the rock became.

Suddenly, a spot on the rock began to glitter in the sun. Tiny flecks that looked like glass were stuck in the rock.

Peter began to wonder if all rocks had hidden surprises.

Peter looked for rocks with different colors, shapes, and sizes. Everywhere he went, he found new and unusual rocks. He found them along the roadside, in the fields, and on beaches.

The prettiest rocks, he thought, were beside
small streams. He would hold the rocks in the
water. When the rocks were wet, the colors
looked brighter.

Peter became more and more curious
about rocks. What were they made of?
Where did they come from? Why were
there so many different kinds?

He wondered, and kept on adding rocks
to his collection.

Peter's collection became bigger and bigger.
Soon he had rocks all over his room.

Peter enjoyed arranging his rocks.

He put all the red ones together, all the
black together, all the gray together, all the
pink together, and all the white together.

"What a great collection," he thought.

Another day Peter wondered what else he could do with his collection.

He noticed that the rocks were different in another way besides color.

Some were rough.

Some were smooth.

Some were soft.

Some were hard.

Some were light.

Some were shiny.

And some were dull.

So he arranged his collection in a new way.

On other days Peter tried other ways. He
put all the rocks from one place together. Then
he put rocks of the same size together. Then
he put rocks found on the same day together.

Peter enjoyed finding new ways of arranging his rocks.

Peter began collecting questions as well
as rocks.

The questions were about rocks.

He asked his mother some questions. He
asked his father other questions. He had
questions for everyone he met.

Finally his mother sent him to the library.

At the library Peter asked for a book on
rocks. He was surprised. There was not only
a book on rocks. There were dozens of books
on rocks!

"Are you going to be a geologist?" a lady at the library asked Peter. Then she told him that geologists are people who study rocks.

Peter took one book and one magazine home.

"I am going to be a geologist," said Peter when he walked in the door. Then he told his mother about the lady in the library. He showed what he brought home.

Peter and his mother sat down together and studied the book. They looked at the pictures of rocks. Some of the rocks were just like the rocks Peter had. He was interested in all of them.

Peter's mother pointed to one picture. "This rock looks just like one you have. It's called TUFF. Tuff is a soft rock that comes from a volcano," she read.

Peter's mother pointed to another picture. "That rock is another one that came from a volcano. It is called BASALT."

BASALT

Peter pointed out the next few. His mother read on, "Here is another soft rock – GYPSUM. It is used to make plaster and paint."

GYPSUM

COAL

"This is another black rock. It is called COAL. People sometimes burn coal to warm their houses."

On one page in the book was a picture
chart on rocks. Peter's mother read the names.

GRANITE

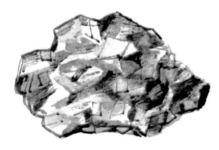

GYPSUM

SHALE

SLATE

QUARTZ
CRYSTALS

PEGMATITE

COAL

SCHIST

Later Peter copied down the names
of rocks he had. He learned to say the
names and to write them.

Soon Peter had even more rocks in his room. Now he was doing more than just looking at them. He was even doing more than arranging them. He was discovering many things about his rocks.

"Maybe, just maybe, someday I'll know more about rocks than anyone else in the whole world," Peter thought as he watched a fat ladybug crawl across his desk.

"Hey! I wonder if bugs are as strange as rocks?"

"Quizás, quizás, algún día yo llegue a saber sobre las piedras más que nadie en el mundo", Pedro pensó mientras observaba cómo una mariquita grandota se arrastraba por su escritorio.

"Mmmmmm.... ¿Serán los insectos tan raros como las piedras?"

Muy pronto Pedro tenía más piedras en su cuarto. Ahora hacía más que mirarlas. También hacía más que arreglarlas. Estaba aprendiendo muchas cosas sobre las piedras.

Pedro usó el libro para identificar las
piedras de su colección. Copió los nombres en su
cuaderno, y aprendió a decir el nombre de cada
piedra. Describió cada piedra, haciendo un dibujo
para cada una.

En una página del libro había una lista con figuras de piedras. La madre de Pedro leyó los nombres.

GRANITO

YESO

LUTITA

PIZARRA

CRISTALES DE CUARZO

PEGMATITA

CARBON DE PIEDRA

ESQUISTO

La madre de Pedro siguió leyendo, "Aquí está otra piedra blanda — YESO. Se usa para hacer yeso y pintura."

YESO

CARBON

DE PIEDRA

"Esta es otra piedra negra. Se llama CARBON DE PIEDRA. A veces la gente quema el carbón de piedra para calentar sus casas."

Después la madre de Pedro señaló otra figura.

"Esta piedra también viene de los volcanes.
Se llama BASALTO."

BASALTO

La mamá de Pedro señaló una figura.

"Esta piedra se parece mucho a otra que ya tienes. Se llama T O B A. La toba es una piedra blanda que viene de los volcanes", leyó la mamá.

Pedro y su mamá se sentaron juntos y estudiaron el libro. Miraron las figuras de las piedras. Algunas de las piedras eran iguales a las que Pedro tenía. A Pedro le interesaban todas.

"Voy a ser geólogo", dijo Pedro al entrar
en su casa. Le contó entonces a su madre sobre la
señora de la biblioteca. Le mostró lo que había
traído a casa.

Pedro se llevó a casa un libro y una revista.

"¿Vas a ser geólogo?", le preguntó a Pedro
una señora en la biblioteca. Luego le dijo que los
geólogos son personas que estudian las piedras.

Por fin su mamá lo mandó a la biblioteca.

En la biblioteca Pedro pidió un libro sobre piedras, y tuvo una sopresa. No había solamente un libro sobre piedras. ¡Había docenas de libros sobre piedras!

Le hacía algunas preguntas a su madre. Le
hacía otras preguntas a su padre. Le hacía
preguntas a cada persona que encontraba.

Además de sus piedras, Pedro empezó a coleccionar preguntas.

Las preguntas eran sobre las piedras.

A Pedro le gustaba encontrar nuevas
formas de arreglar su colección de piedras.

A veces Pedro probaba otras formas. Ponía
juntas todas las piedras de un mismo lugar. Otras
veces, las piedras del mismo tamaño. Después
ponía juntas las piedras que había encontrado en
un mismo día.

Algunas eran blandas.

Algunas eran duras.

Algunas eran claras.

Algunas eran brillantes.

Y algunas eran opacas.

Entonces Pedro arregló su colección de
otro modo.

Otro día Pedro se puso a pensar qué
más podía hacer con su colección.

Notó que las piedras eran diferentes no
solamente por el color.

Algunas eran ásperas.

Otras eran lisas.

Arregló todas las piedras en grupos
diferentes: las coloradas, las negras, las grises, las
rosadas y las blancas.

"¡Qué gran colección!", pensaba Pedro.

La colección de Pedro era cada vez más
grande. Pronto tuvo piedras por todo su cuarto.

A Pedro le gustaba arreglar las piedras.

Mientras iba pensando, seguía agregando
piedras a su colección.

Pedro sentía cada vez más curiosidad sobre las piedras. ¿De qué estaban hechas? ¿De dónde venían? ¿Por qué había tantas piedras diferentes?

Le pareció que las piedras más bonitas eran
las que estaban junto a los pequeños arroyos.
Pedro sostenía las piedras bajo el agua. Cuando
las piedras estaban mojadas los colores eran más
brillantes, y muchas veces Pedro podía ver en una
piedra cosas que no había visto antes.

Pedro buscó más piedras de diferentes
colores, formas y tamaños. Por todas partes
encontró piedras nuevas y raras. Las encontró
junto al camino, en los campos y en las playas.

De repente, apareció en la piedra un punto
que brillaba con la luz del sol. La piedra tenía
pegados unos trocitos muy pequeños que parecían
de vidrio.

Pedro pensó que tal vez todas las piedras
escondían alguna sorpresa.

Un día Pedro recogio una piedra y la frotó para quitarle la suciedad. Al principio la piedra se parecía a cualquier otra piedra. Pero mientras más la frotaba Pedro, más extraña parcía la piedra.

Después de la escuela no había mucho que
hacer. Pedro no hacía más que dar vueltas
pensando qué podía hacer.

Pedro era un chico que coleccionaba cosas,
como hacen casi todos los niños. Hacía ya mucho
tiempo que coleccionaba de todo. Pero ya
empezaba a cansarse de las mismas cosas de siempre.

Pedro

y las Piedras

por LAWRENCE F. LOWERY

Consultor,
ABRAHAM S. FISCHLER

Ilustrado por,
JUNE GOLDSBOROUGH

Traductora,
ALEXANDRA TCACHUK

ISBN 0-7826-0721-7

Pedro

y

las **Piedras**